きょうから みんなの ほいくえん・ようちえん

――新沢としひこの
園生活ごきげんソング

チャイルド本社

目次

入園式
きょうからみんなの
ほいくえん（ようちえん）　　4

誕生会
おめでとう たんじょうび　　8

誕生日
ハッピーが うまれたひ　　10

歯みがき
ハミガキマンの うた　　13

朝のあいさつ
きみの おはよう　　16

歌詞・作品 memo　　20
- きょうからみんなの ほいくえん（ようちえん）
- おめでとう たんじょうび
- ハッピーが うまれたひ
- ハミガキマンの うた
- きみの おはよう

雨の日
ピカピカ ハッピーレイン　　24

元気な夏
どんとこい なつ　　27

運動会
いちにちげんきに
うんどうかい　　30

お片付け
かたづけちゃって
ポポイポ ポイ ポイ　　32

実りの秋
フルーツパラダイス　　35

歌詞・作品 memo　　38
- ピカピカ ハッピーレイン
- どんとこい なつ
- いちにちげんきに うんどうかい
- かたづけちゃって ポポイポ ポイ ポイ
- フルーツパラダイス

レクソング
うたは ふしぎ　　　　　　　　　42

子どもの心
はれたり くもったり　　　　　46

みんなの笑顔
たくさんの にこにこ　　　　　50

子どものパワー
ぼくらはきょうも ぜっこうちょう　53

クリスマス
サンタクロースが まちきれない！　56

歌詞・作品 memo　　　　　58
- うたは ふしぎ
- はれたり くもったり
- たくさんの にこにこ
- ぼくらはきょうも ぜっこうちょう
- サンタクロースが まちきれない！

雪遊び
ゆきだるまったら ゆきだるま　62

ひなまつり
ひなまつりプリンセス　　　　　64

卒園式
せんぱい ありがとう　　　　　67

卒園式
たくさんないて たくさんわらう　70

ハッピーソング
まいにちが おめでとう　　　　74

歌詞・作品 memo　　　　　76
- ゆきだるまったら ゆきだるま
- ひなまつりプリンセス
- せんぱい ありがとう
- たくさんないて たくさんわらう
- まいにちが おめでとう

きょうからみんなの ほいくえん（ようちえん）

作詞・作曲／新沢としひこ　ピアノアレンジ／北山たかあき

あかるく、はれやかに

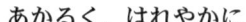

© 2014 by ASK MUSIC Co.,Ltd.

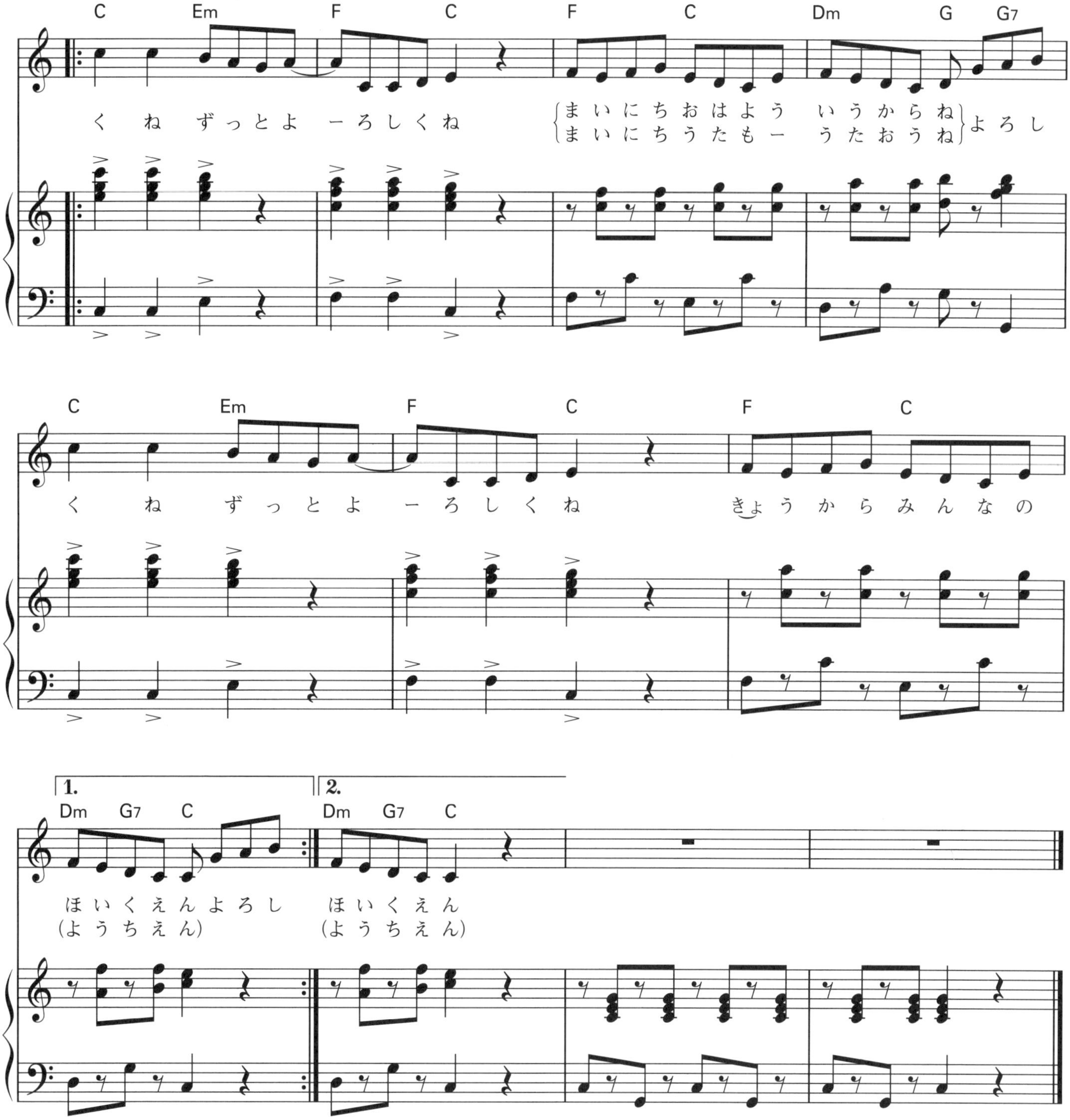
C Em F C F C Dm G G7
くね ずっとよーろしくね
まいにちおはよう いうからね
まいにちうたもー うたおうね
よろし
C Em F C F C
くね ずっとよーろしくね きょうからみんなの
1. 2.
Dm G7 C Dm G7 C
ほいくえんよろし ほいくえん
(ようちえん) (ようちえん)

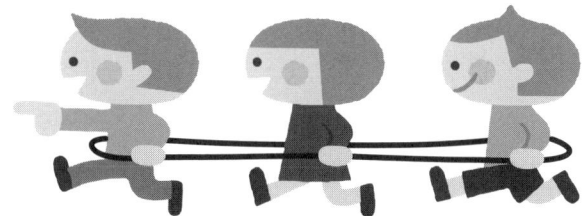

おめでとう たんじょうび

作詞・作曲／新沢としひこ　ピアノアレンジ／北山たかあき

ゴスペル調で

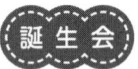

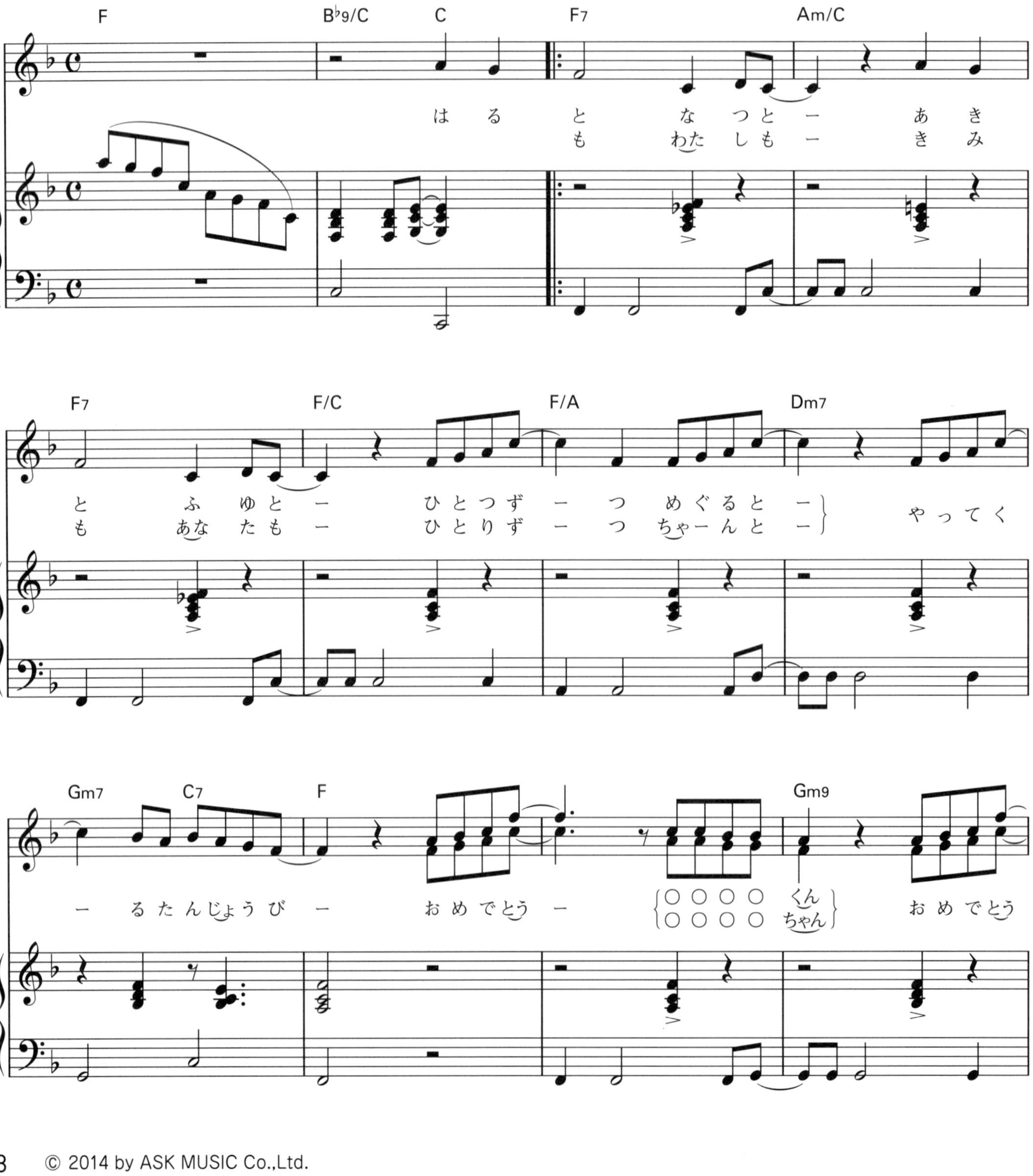

誕生日

ハッピーが うまれたひ

作詞・作曲／新沢としひこ　ピアノアレンジ／北山たかあき

あたたかい気持ちで

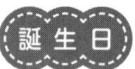

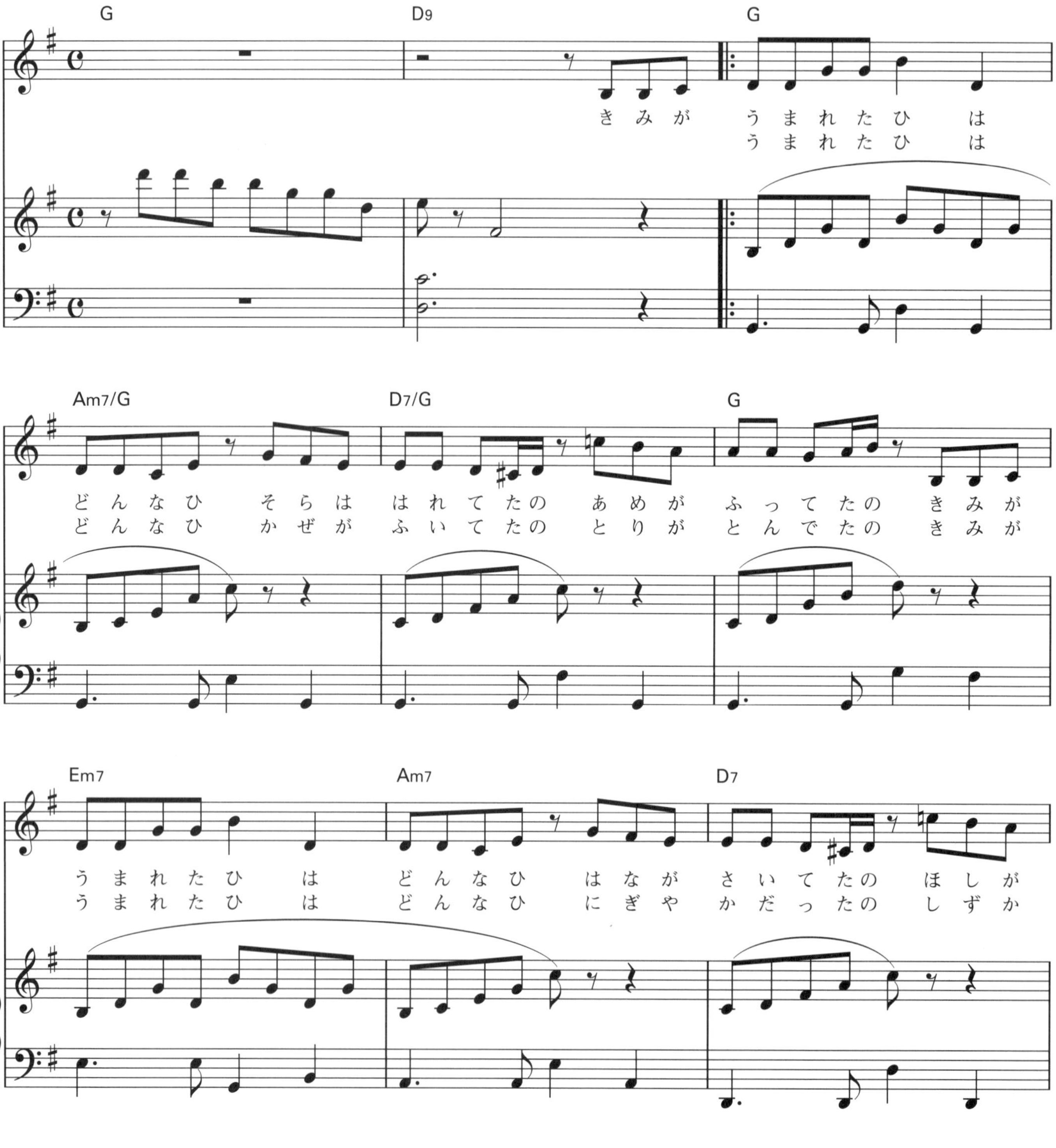

ハミガキマンの うた

作詞・作曲／新沢としひこ　ピアノアレンジ／北山たかあき

かろやかに

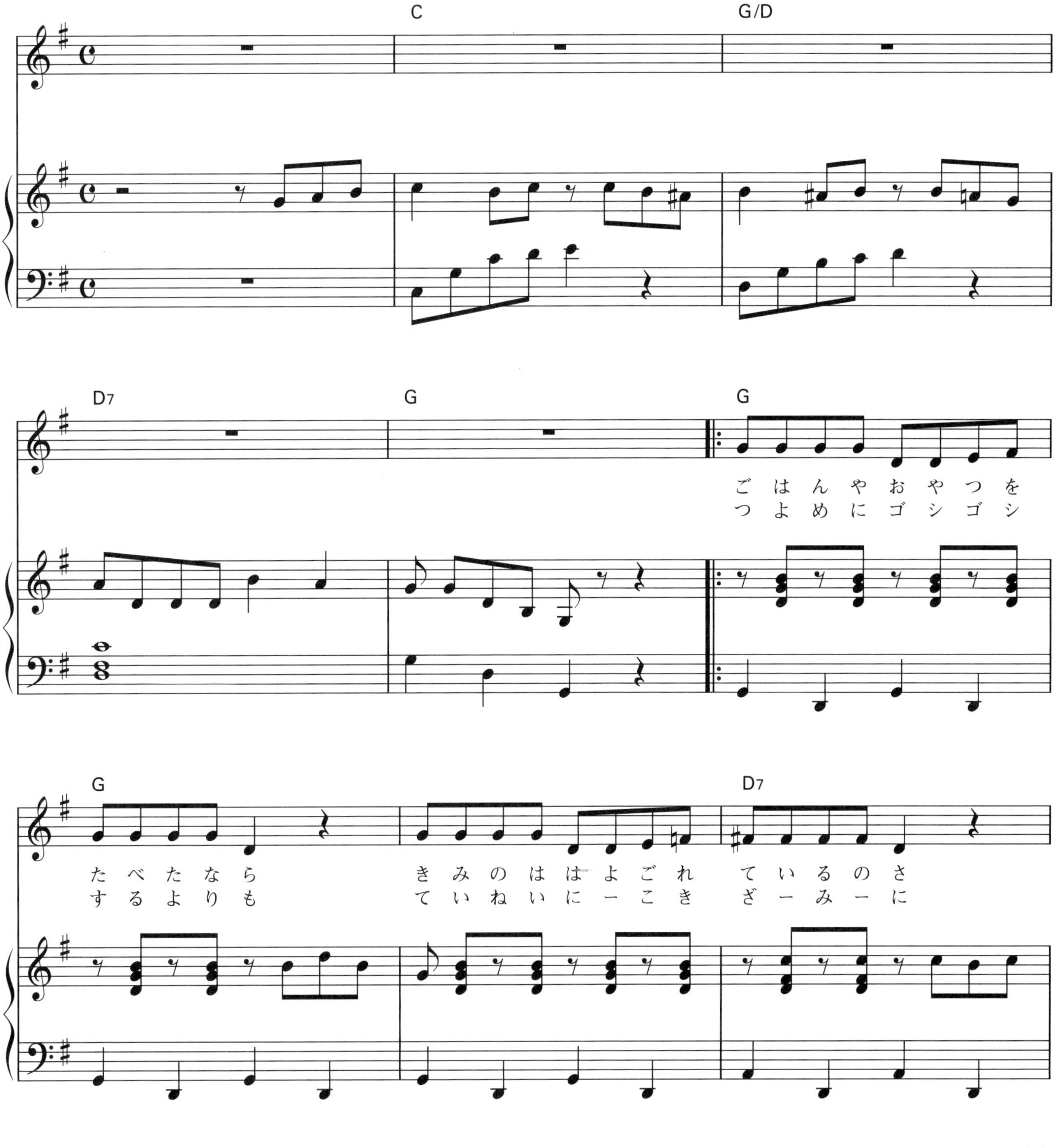

ごはんやおやつを
つよめにゴシゴシ

たべたなら
するよりも

きみのはは よごれ ているのさ
ていねいに こ きざ みに

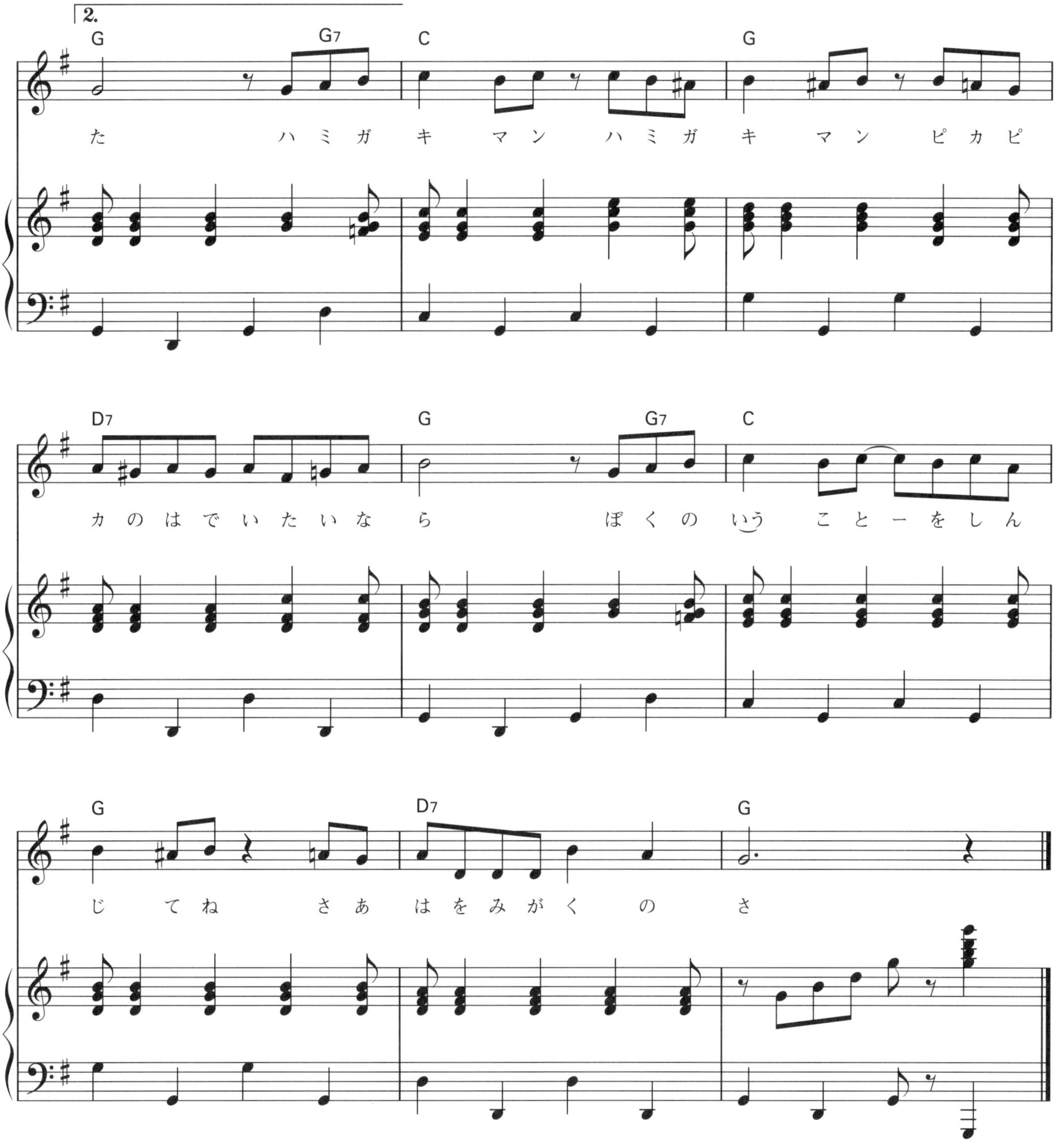
2.
G G7 C G
た ハ ミ ガ キ マ ン ハ ミ ガ キ マ ン ピ カ ピ
D7 G G7 C
カ の は で い た い な ら ぼ く の いう こ と ー を し ん
G D7 G
じ て ね さ あ は を み が く の さ

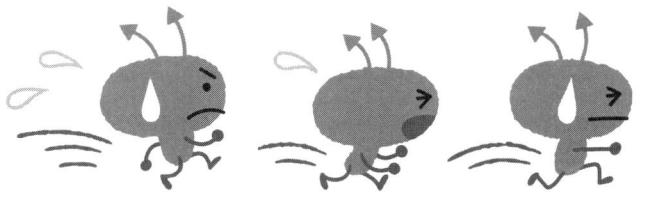

きみの おはよう

作詞・作曲／新沢としひこ　ピアノアレンジ／北山たかあき

さわやかに

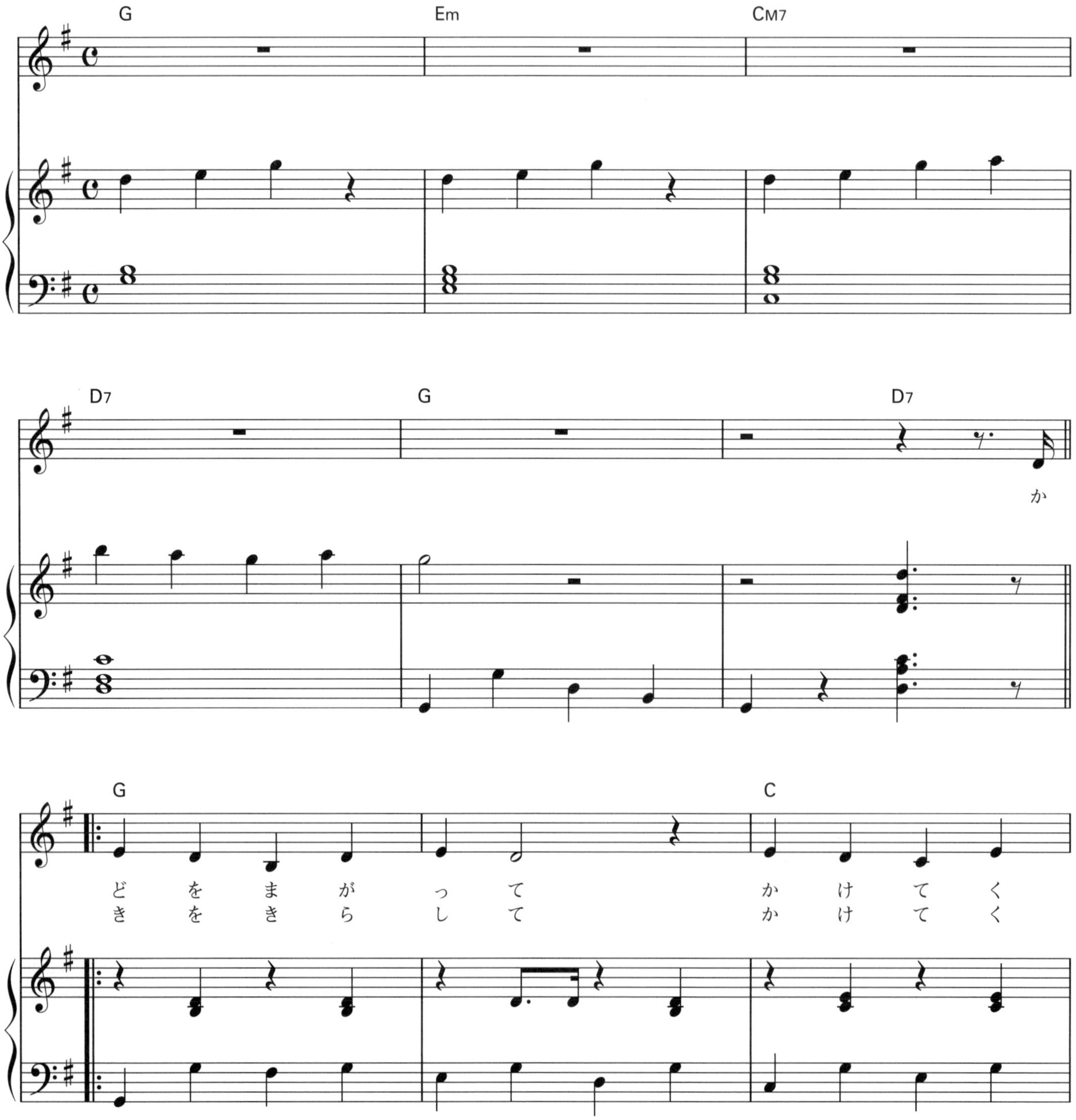

●歌詞 （4ページ〜19ページ）

きょうからみんなの ほいくえん（ようちえん）

作詞・新沢としひこ

みんなが　これから　かようのは

えがおの　はなさく　ほいくえん（ようちえん）

たのしいことや　うれしいことが

あしたの　むこうで　まってるよ

よろしくね　ずっと　よろしくね

まいにち　おはよう　いうからね

よろしくね　ずっと　よろしくね

きょうから　みんなの　ほいくえん（ようちえん）

※1

みんなが　これから　あそぶのは

おひさま　まぶしい　ほいくえん（ようちえん）

たんけんしたり　かけっこしたり

あたらしいことを　みつけよう

よろしくね　ずっと　よろしくね

まいにち　うたも　うたおうね

よろしくね　ずっと　よろしくね

きょうから　みんなの　ほいくえん（ようちえん）

※2

※1※2くりかえし

作品 memo

　新しい世界にとびこんでいくというのは、大人にとっても子どもにとっても大変なできごとです。ましてや子どもたちには、今日から通う幼稚園や保育園というものが、いったいどんなところなのか、ほとんど知識はないわけですから、不安もたくさんあると思います。そんな子どもたちを勇気づけてあげられるような、新しい生活が楽しくなるような、元気なナンバーがあったらいいな、と思い、このような歌ができ上がりました。

　新入園児を迎える在園児たちで歓迎の思いを込めて歌ってもいいし、新入園児たちが覚えて自分たちの応援歌として歌ってもいいと思います。勢いよく歌う、ということを心がけると、この歌は生きてきます。元気に晴れやかに気持ちよく歌ってください。

おめでとう たんじょうび

作詞・新沢としひこ

はると　なつと　あきと　ふゆと

ひとつずつ　めぐると

やってくる　たんじょうび

おめでとう　○○○○くん（ちゃん）

おめでとう　○○○○くん（ちゃん）

おめでとう　おめでとう

ハッピーバースデートゥーユー　　※

ぼくも　わたしも　きみも　あなたも

ひとりずつ　ちゃんと

やってくる　たんじょうび

※2回くりかえし

ハッピーバースデートゥーユー

作品memo

　誕生日のときは、誰もが注目を集めてスターになることができます。恥ずかしくなってしまったり、照れてふざけてしまったり、自意識過剰な反応をしてしまう子どもたちもたくさんいます。でも、それはとても大切な体験です。みんながお祝いしてくれる、こそばゆくて、うれしいような、きまりが悪いような不思議な気持ち、小さい子どもたちにもぜひ味わってほしいものです。そしてお祝いされる喜びだけでなく、友達をお祝いする喜びも感じてほしいです。お祝いは誰にとっても楽しく、幸せなものなのです。そんな誕生会にしたいですね。
　華やかなゴスペルソングのような曲をつけました。みんなでにぎやかに、楽しくノリノリで歌ってもらえたらうれしいです。

ハッピーが うまれたひ

作詞・新沢としひこ

きみがうまれたひは　どんなひ

そらは　はれてたの　あめが　ふってたの

きみがうまれたひは　どんなひ

はなが　さいてたの　ほしが　ふってたの

きっとだれもが　よろこんだ

うれしいひだったんだよ

それは　ハッピーが　うまれたひ　　※

だからハッピーバースデー

きみがうまれたひは　どんなひ

かぜが　ふいてたの　とりが　とんでたの

きみがうまれたひは　どんなひ

にぎやかだったの　しずかだったの

きみを　はじめて　みたひとは

みんなえがおに　なったよ

きみがせかいに　うまれたひ

だからハッピーバースデー

※くりかえし

だから　ハッピーバースデー

作品memo

　誕生日がない人はいません。誰もが最初は赤ちゃんで、誰かから生まれてきたのです。その命の誕生は、喜びに満ち、幸福感を与えてくれます。その素晴らしさを、ぜひ歌にしたいと思ったのでした。
　今回の作品群は、「毎日がおめでとう」というテーマが全体にあるのですが、人生で一番最初の「おめでとう」が誕生のおめでとうです。誕生日とは、そのことを再確認する日なのです。みんなに「おめでとう」と言われながら、自分がこの世に生まれてきた、そのことが全部おめでとうなんだな、ということを思う日なのです。いろいろなことを感じられたら、それはとてもいい誕生日だと思います。全ての子どもたちに素敵な誕生日が訪れますように。

ハミガキマンの うた

作詞・新沢としひこ

ごはんやおやつを　たべたなら　きみのはは　よごれているのさ

むしばってやつは　そんなとき　よごれたはを　ねらうのさ

ハミガキマン　ハミガキマン　ピカピカのはで　いたいなら

ぼくのいうことを　しんじてね　さあ　はをみがくのさ

つよめに　ゴシゴシするよりも　ていねいに　こきざみに

ちゃかちゃか　いそいでするよりも　おちついて　たのしんで

ハミガキマン　ハミガキマン　ピカピカのはを　めざすなら

ぼくのいうことを　しんじてね　ぼくは　きみのみかた

ハミガキマン　ハミガキマン　ピカピカのはで　いたいなら

ぼくのいうことを　しんじてね　さあ　はをみがくのさ

 作品 memo

　「生活の中の毎日の習慣が楽しくなるような歌ができないでしょうか？　たとえば歯みがきとか片づけとか」と編集部の方に言われて、なるほどと思いつつ、ただ標語のように「歯みがきは大切です」と歌うのはつまらないなあ、と悩んでいたときに、ふと頭の中に登場したのが「ハミガキマン」だったのでした。すごくかっこよくもないけれど、なんだか憎めないのんきなヒーローが「ハミガキマン」です。

　「ハミガキマン」がどんなコスチュームで、一体どんな動きで、どんな活躍をするのか、ぜひ子どもたちと一緒に考えて、絵などを描いてほしいと思います。洗面台にその「ハミガキマン」が見守るポスターなどあったら、みんなニコニコ歯みがきしてしまうことでしょう。

きみの おはよう

作詞・新沢としひこ

かどをまがって　かけてくる　きみのえがおを　みつけたら

いろんなことが　ふきとんでいくよ

なみだのあとも　いま　きえてった

おはよう　おはよう

げんきいっぱいの　あさがきたね　　※1

おはよう　おはよう

きみのおようが　ぼくのたからもの

いきをきらして　かけてくる　おでこにあせを　かいたきみに

いろんなことを　おしえてもらうよ

ふくれっつらは　もう　やめなきゃね

おはよう　おはよう

げんきいっぱいの　あさがきたね　　※2

おはよう　おはよう

きみにおはようって　ぼくはてをふるよ

※1※2くりかえし

作品 memo

　一日の最初の挨拶の歌です。ぜひさわやかに歌ってみたいです。朝というのは、たとえば昨日嫌なことがあっても、全部リセットして新しい一日が始まるとても大切な時間なのです。そう思うと地球に生きる全ての命は、毎日自分を一度リセットする朝というチャンスがやってくるということなのです。
　そう思うと、貴重なチャンスを今までずいぶん無駄にしてきたかもしれません。大丈夫、また新しい朝が来ますよ。そんな風に、自分の考え方を少し変えれば、世界の見え方がいろいろと変わってくることでしょう。新しい可能性が曲がり角の向こうに広がっているかもしれません。さわやかに大きく深呼吸して、気持ちのいい新しい朝を迎えたいですね。

雨の日

ピカピカ ハッピーレイン

作詞・作曲／新沢としひこ　ピアノアレンジ／北山たかあき

ごきげんにスウィングして

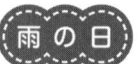

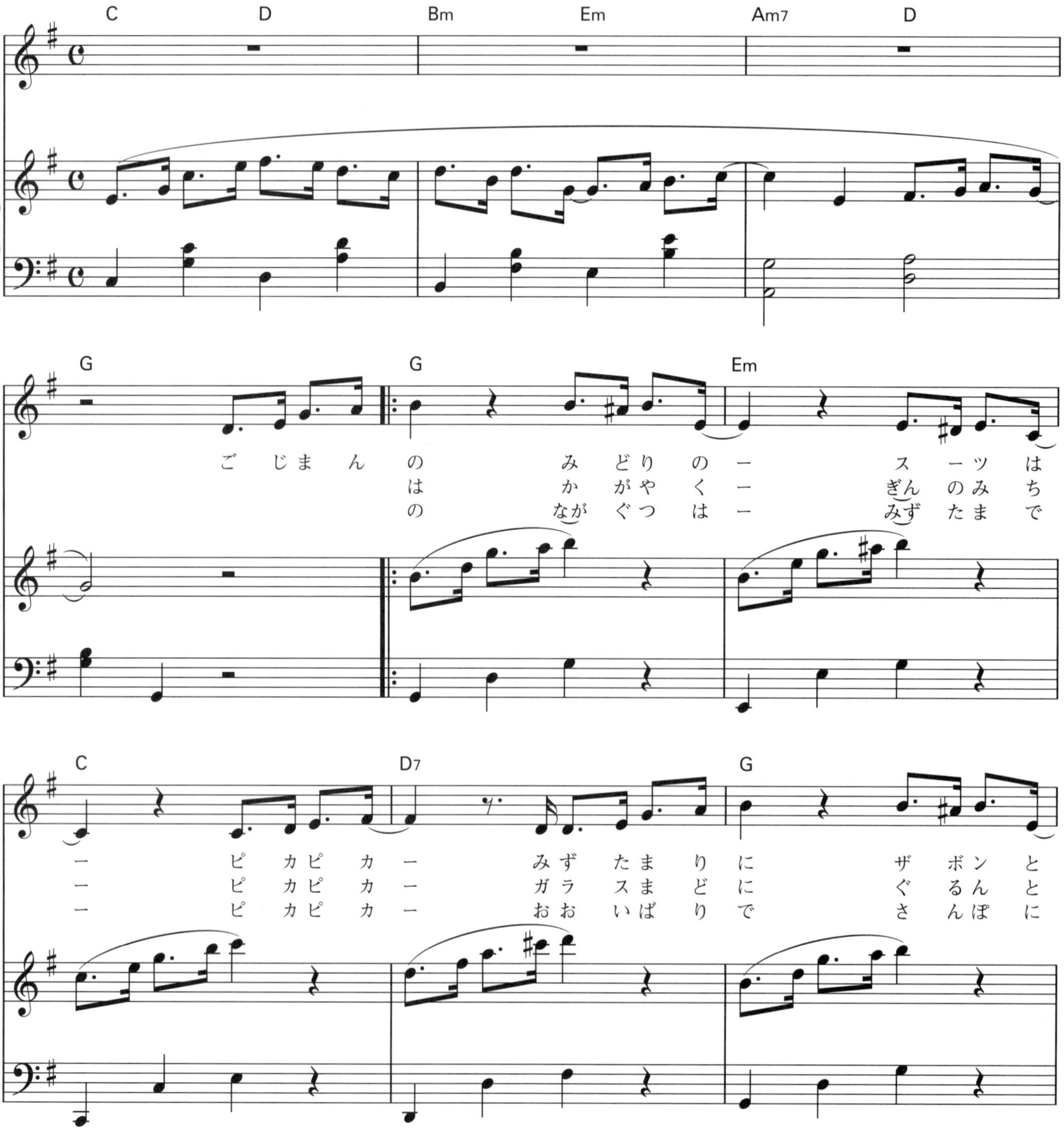

元気な夏

どんとこい なつ

作詞・作曲／新沢としひこ　ピアノアレンジ／北山たかあき

ポップに、はじけて

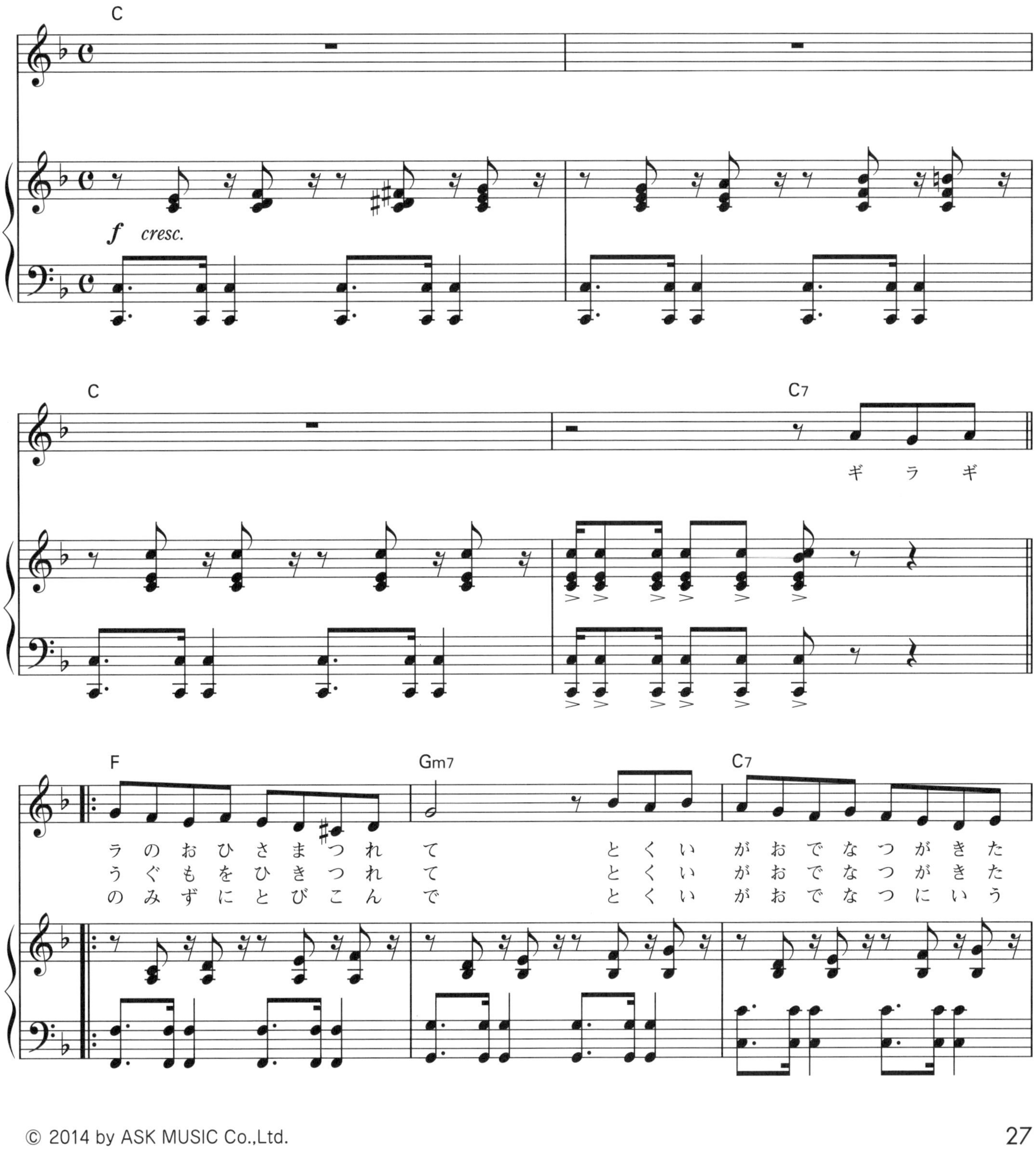

いちにちげんきに うんどうかい

作詞・作曲／新沢としひこ　ピアノアレンジ／北山たかあき

自分を応援するように

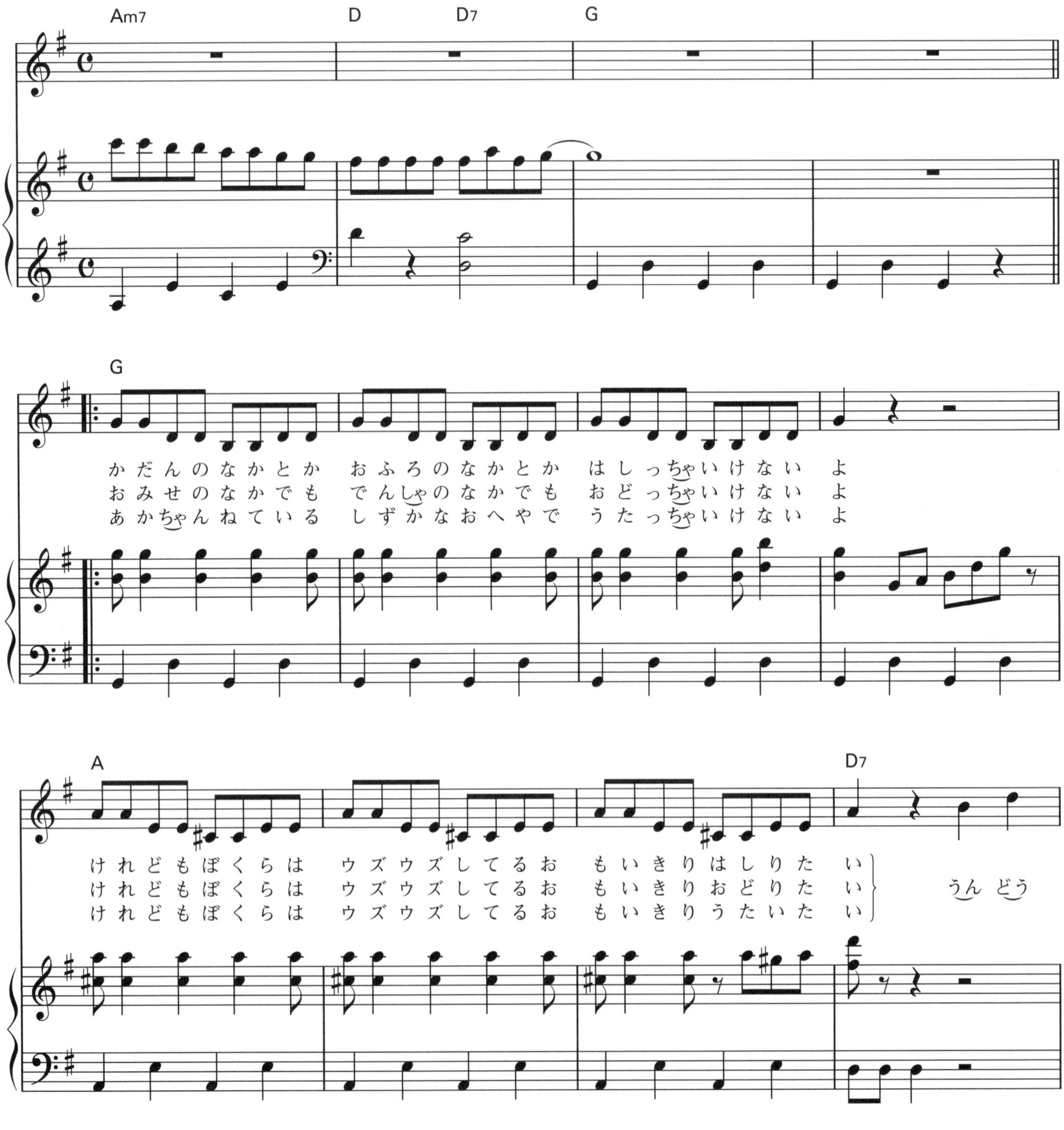

かだんのなかとか　おふろのなかとか　はしっちゃいけないよよ
おみせのなかでも　でんしゃのなかでも　おどっちゃいけないよよ
あかちゃんねている　しずかなおへやで　うたっちゃいけない

けれどもぼくらは　ウズウズしてる　おもいきりはしりたい
けれどもぼくらは　ウズウズしてる　おもいきりおどりたい
けれどもぼくらは　ウズウズしてる　おもいきりうたいた

うんどう

お片付け

かたづけちゃって ポポイポ ポイ ポイ

作詞・作曲／新沢としひこ　ピアノアレンジ／北山たかあき

軽快なビートで

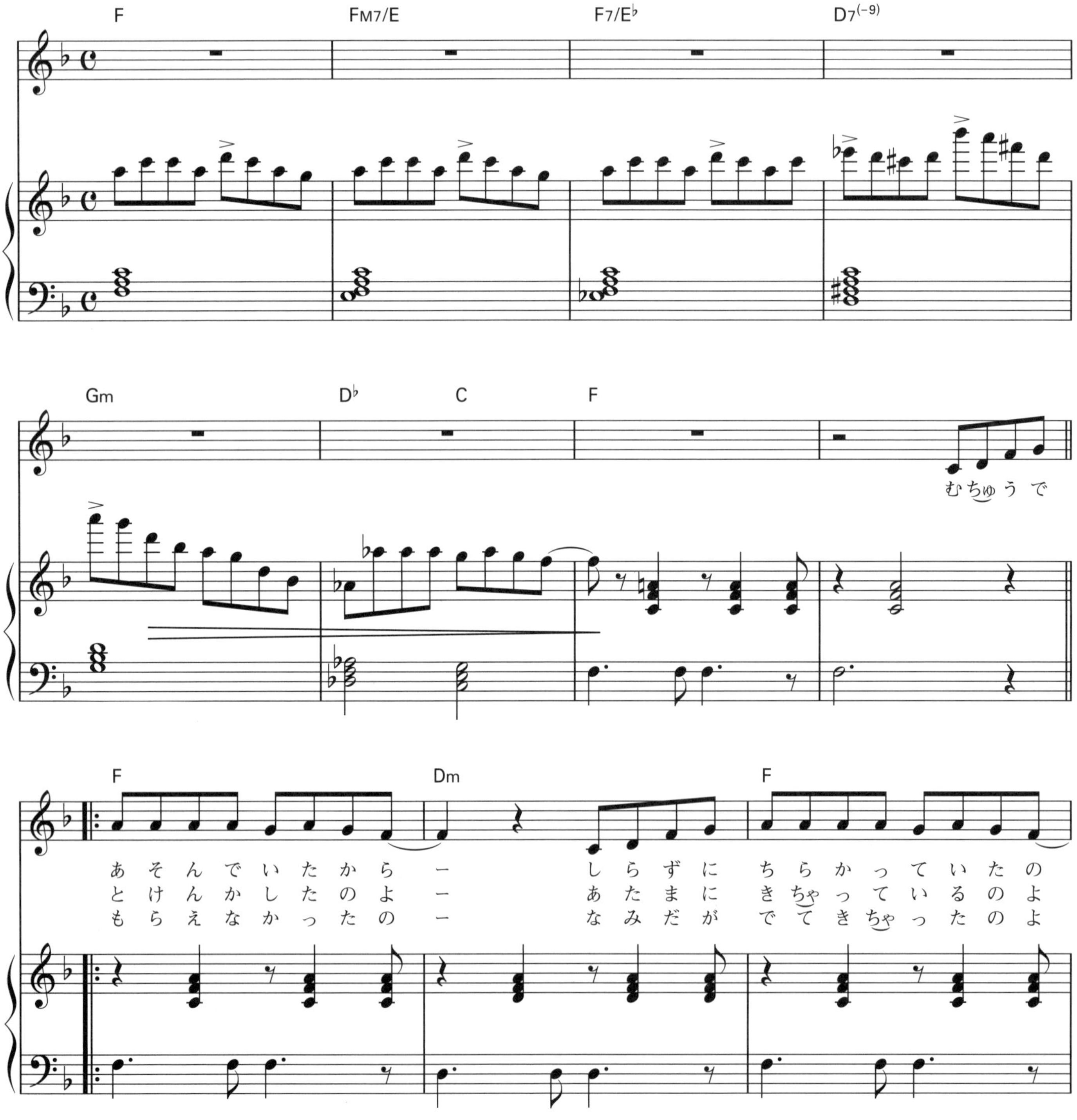

フルーツパラダイス

実りの秋

作詞・作曲／新沢としひこ　ピアノアレンジ／北山たかあき

トロピカルな気分で

かごのなかにならんだ
いろんないろのくだものたち
いろんなあじのくだものたち

あかくてきいろでみどりいろ　きれいでしょってわ
あまくてちょっぴりすっぱくて　おいしいよってわ

© 2014 by ASK MUSIC Co.,Ltd.

らいかける おかあーさんはーリンゴがーすきおとー
らいかける おねえーちゃんはーモモがーすきおにー

うさんはーバナナがすき ぼくはマスクメロン
いちゃんはーナシがすき わたしはサクランボ

がすき さあみんなでフルーツパラダイス
がすき さあみんなでフルーツ

1.

2.
パラダイス わたしはイチゴとミカンがすき ぼく

F B♭ F/A
はスイカとブドウがすき みんなはなにがす
C7/G F B♭ F/A C7 F
きかな? ほらたのしいフルーツパラダイス みん
B♭ F/A C7/G F B♭ F/A C7 F
なはなにがすきかな? ほらたのしいフルーツパラダイス

●歌詞 (24ページ～37ページ)

ピカピカ ハッピーレイン

作詞・新沢としひこ

ごじまんの　みどりの　スーツは　ピカピカ
みずたまりに　ザボンと　とびこむ
アマガエルくん
すてきな　あめのひ　ごきげんな　あめのひ
ピカピカ　OH!　ハッピーレイン ※
しあわせな　あめのひ

あしあとは　かがやく　ぎんのみち　ピカピカ
ガラスまどに　ぐるんと　えをかく
カタツムリくん
※くりかえし

しんぴんの　ながぐつは　みずたまで　ピカピカ
おおいばりで　さんぽに　でかける
それはわたし
※2回くりかえし
しあわせな　あめのひ

作品memo

　保育園に勤めていたとき、3歳児クラスを一緒に担任していたM先生は、雨が降ると「出かけようか」と子どもたちにすぐ言う人でした。僕は「え？ 雨ですよ！」といつも反対するのですが、子どもたちは「わーいわーい」と大喜び。大騒ぎでレインコートを着て、近所の児童館までわいわい出かけたりするのでした。他のクラスの先生は「雨なのに出かけるの？」とあきれ顔。僕も最初、雨なんだから一日保育室で静かに遊べばいいのに、などと思っていたのですが、思い切って出かけてしまえば楽しいのでした。考え方ひとつで雨の日だって、楽しい気分になれるんだなということを学んだのでした。
　だから雨だってハッピーなんだ、という楽しい歌にしてみました。

どんとこい なつ

作詞・新沢としひこ

ギラギラの　おひさまつれて
とくいがおで　なつがきたよ
だれかが　あついというたび
そらで　ゲラゲラ　わらってる
どんとこい　なつ　まけないぜ　なつ
うちわのバットで　ホームラン
どんとこい　なつ　ごきげんな　なつ ※
とびきりあつくて　ありがとう

にゅうどうぐもを　ひきつれて
とくいがおで　なつがきたよ
ミンミンゼミの　コーラスが
うるさいだろと　わらってる
どんとこい　なつ　まけないぜ　なつ
スイカのボールで　ストライク
※くりかえし

プールのみずに　とびこんで
とくいがおで　なつにいうよ
イルカになった　ぼくらには
どんなひざしも　パラダイス
どんとこい　なつ　まけないぜ　なつ
ホースのシャワーで　レインボー
※2回くりかえし

作品memo

　僕は夏の暑さに弱くて、すぐにバテてぐったりしてしまいます。でもそんなとき、保育園で働いていたときのことを思い出します。毎日子どもたちと遊んでいたときは、暑くて嫌だな、なんて全然思わなかったのです。暑い日は僕も水着になって、プール遊びしていたからかもしれませんが、あのときは夏の暑さを全身で謳歌していたんだな、ということが、今になったらわかります。それが夏に対する正しい対処法かもしれません。こっちの気持ちが楽しんでやるぞと思えば、夏の暑さも、冬の寒さも、長い雨も、突然の嵐も、ポジティブに立ち向かっていけるのです。そんな気分にしてくれる歌がいいな、と思って頭に浮かんだ言葉が「どんとこい」でした！

いちにちげんきに うんどうかい

作詞・新沢としひこ

かだんのなかとか　おふろのなかとか

はしっちゃいけないよ

けれども　ぼくらは　ウズウズしてる　おもいきり　はしりたい

うんどうかい　チャッチャ　うんどうかい　チャッチャ

きょうは　いちにち　みんなで　げんきに　はしるぞ

おみせのなかでも　でんしゃのなかでも

おどっちゃいけないよ

けれども　ぼくらは　ウズウズしてる　おもいきり　おどりたい

うんどうかい　チャッチャ　うんどうかい　チャッチャ

きょうは　いちにち　みんなで　げんきに　おどるぞ

あかちゃんねている　しずかなおへやで

うたっちゃいけないよ

けれども　ぼくらは　ウズウズしてる　おもいきり　うたいたい

うんどうかい　チャッチャ　うんどうかい　チャッチャ　⎫
きょうは　いちにち　みんなで　げんきに　うたうぞ　　⎭ ※

※くりかえし

作品memo

　子どもたちはすぐにどこでも走り回ります。ちょこまかちょこまか落ち着きがなく、「今は走らないの！」などと叱らなければならないこともしばしばです。たとえば街の中で、お店の中で、駅で、電車の中で、または家の台所で、居間で、子どもたちに思い切り走り回られたら、大人たちはたまりません。でもいつも我慢させられている子どもたちだってたまりません。
　そのエネルギーをぜひ、大人も子どもも運動会で爆発させましょう。今日は存分にいきいきとのびのびと走り回ってほしいのです。そう思うと運動会って素晴らしいですね！　子どもたちの笑顔の輝く運動会にしたいものです。元気すぎるくらい、元気に歌ってみてください。

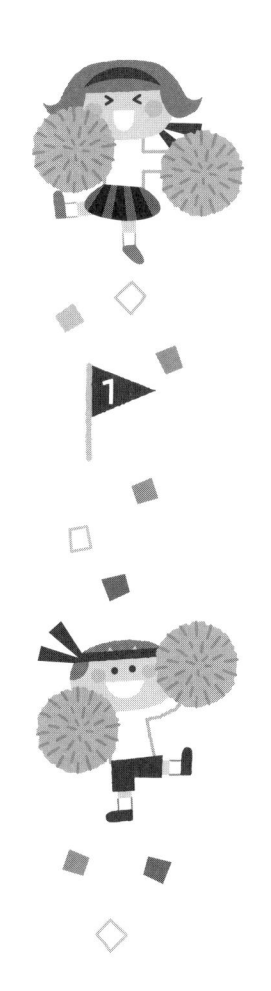

かたづけちゃって　ポポイポ ポイ ポイ

作詞・新沢としひこ

むちゅうで　あそんでいたから　しらずに　ちらかっていたの

あしのふみばが　ないほど　おもちゃ　ちらばってるの

かたづけちゃって　ポポイポ ポイ ポイ

かたづけちゃって　ポポイポ ポイ ポイ

すっきり　しちゃって　ほら　ほら　ごきげん　スマイル

ともだちと　けんかしたのよ　あたまに　きちゃっているのよ

こころのなかに　おこりんぼうが　たくさんいるの

かたづけちゃって　ポポイポ ポイ ポイ

かたづけちゃって　ポポイポ ポイ ポイ

すっきり　しちゃって　ほら　ほら　ごきげん　スマイル

わかって　もらえなかったの　なみだが　でてきちゃったのよ

こころのなかに　よわむしけむし　たくさんいるの

かたづけちゃって　ポポイポ ポイ ポイ

かたづけちゃって　ポポイポ ポイ ポイ

すっきり　しちゃって　ほら　ほら　ごきげん　スマイル

※くりかえし

作品memo

　片づけは子どもの頃から、そして50歳を過ぎた今も、僕は本当に苦手です。家の中はすぐに散らかって足の踏み場もないほどです。頭の中では、ああ、片づけなくっちゃ、といつも呪文のように唱えているのですが、行動が伴わず家は散らかる一方。だからそんな自分を鼓舞するような気持ちで、この歌を作りました。なんとか片づけが楽しくならないか、ポイポイっといろいろなものをすっきりと整理できないか。

　この歌を作ったら気分だけは片づけられた気がしましたが、周りを見たら相変わらず、散らかった部屋と、片づかない仕事が山積み。うーん、歌のようにはいかないな、と思いながら、ポポイポポイポイと今日も鼻歌を口ずさんでいます。

フルーツパラダイス

作詞・新沢としひこ

かごのなかに　ならんだ　いろんないろの　くだものたち

あかくて　きいろで　みどりいろ　きれいでしょって　わらいかける

おかあさんは　リンゴがすき

おとうさんは　バナナがすき

ぼくは　マスクメロンがすき

さあ　みんなで　フルーツパラダイス

かごのなかに　ならんだ　いろんなあじの　くだものたち

あまくて　ちょっぴり　すっぱくて　おいしいよって　わらいかける

おねえちゃんは　モモがすき

おにいちゃんは　ナシがすき

わたしは　サクランボがすき

さあ　みんなで　フルーツパラダイス

わたしは　イチゴと　ミカンがすき

ぼくは　スイカと　ブドウがすき

みんなは　なにがすきかな？　　※

ほら　たのしい　フルーツパラダイス

※くりかえし

作品memo

　野菜とフルーツは顔立ちが違います。野菜は体にとって絶対に欠かせない非常に重要な食物で、色とりどりでありながらも、何か几帳面というか質実剛健というか実直な面構えをしています。果物の方は、どっちかというと、主食じゃないし、メインディッシュじゃないし、おやつみたいなデザートだし、ということで、なんだかカラフルで妙に華やいだ、遊び感が満載というオーラを放っています。その感じがパラダイスという言葉になりました。野菜だとパラダイスな感じがあまり出ないんですよね。

　今にも踊り出しそうな感じで、楽しく歌って欲しいです。実際に果物を手にしながらとか、果物のキャラになってとか、いろいろ工夫したくなります。

うたは ふしぎ

作詞・作曲／新沢としひこ　ピアノアレンジ／北山たかあき

レクソング

メロディーを織りなすように

G
G
Am7/G
みんなでいっしょ
にに
うたってみよう
こえをあわせて
みんなでいっしょに
みんなでいっしょに
うたってみよ
こえをあわせ
Am7/G
D7/G
たのしいうたや
うたえばきっと
おもしろいう
えがおになる
う
て
たのしいうたや
うたえばきっと
G
D
た
よ
ララララララ
ララララララ
おもしろいうた
えがおになるよ
ラララララ
ラララララ

E7(−9)
Am
うたはふしぎ
ほらこころ
ララ
うたはふしぎ
Am
D7
G
が
ひとつになる
やさしくなる
ほらこころが
ひとつにな
やさしくな
1.
2.
G
CM7
Dsus4
D
G
D
みんなでいっしょ
ラララララ
る

G
E7(−9)
Am
ララ うたはふし ぎ ほらこころ
ララ うたはふし ぎ ほらこころ
ラララララ ラ うたはふし ぎ
ラララララ ラ うたはふし ぎ
Am
D7
G
が ひとつにな る
が やさしくな る
ほらこころ が ひとつにな
ほらこころ が やさしくな る
CM7
Bm7
Am7
A♭M7
GM7
G
ゆっくりと
rit.

子どもの心
はれたり くもったり

作詞・作曲／新沢としひこ　ピアノアレンジ／北山たかあき

やさしく、おだやかに

げんきなじぶんがすきだけど　げんきじゃないひも
まじめなじぶんがすきだけど　ふざけるひだって

あるからさ　ないてるじぶんはいやだけど
あるからさ　おこったじぶんはいやだけど

© 2014 by ASK MUSIC Co.,Ltd.

Am D
なみだはながれてくるからさ ランランラン
がまんばかりでもかなしいよ ランランラン
G Em
そーらはー はれたりくもったり
みんなとー いたいーこともある
Em Am
あーめはー ふったりあがった
ひとりでー いたいーこともあ
D7 G
り みーんなー
る こころがー つ

G
Em
ないたりわらったり
よいひもよわいひも
Am
D
D7
G
ほらねーそんなくりかえしー
ほらねーそんなくりかえしー
1.
2.
G
D
D7
G
ランランランそーらはー
G
Em
はれたりくもったり

あーめはー ふったりあがったり みーんなー ないたりわらったり ほらねーそんなくりかえしー

たくさんの にこにこ

みんなの笑顔

作詞・作曲／新沢としひこ　ピアノアレンジ／北山たかあき

ほのぼのとしたマーチで

だいすき な こ と ー を し て い る と
うれしそう な か お ー を み つ け る と

に こ に こ す る よ ね ー　　だいすき な ひ と ー と
う れ し く な る よ ね ー　　たのしそう な か お ー を

50　© 2014 by ASK MUSIC Co.,Ltd.

Em7 A7(-9) Dm G7(-9) C C7
いるときも にこにこするよねー
みつけると たのしくなるよねー
F G7/F Em7 A7 Dm G7
にこにこはどこにある にこにこはそこにあ
にこにこはどこにある にこにこはここにあ
C Bm7(-5) E7 Am F♯m7(-5)
る さがしてみたならきっとあるたく
る たったいまここではじまったあた
1. 2.
F G7 C C C7
さんのにこにこー
らしいにこにこ ー

にこにこ　はどこにある　にこにこ　はどこにある　さがしてみよう　うたいながら　たくさんのにこにこー

子どものパワー

ぼくらはきょうも ぜっこうちょう

作詞・作曲／新沢としひこ　ピアノアレンジ／北山たかあき

パワフルに

ゆっくりと

少しはやく

ちょうしがいいねと　いわれたらそうさ
げんきがいいねと　いわれたらそうさ

ぜっこうちょー
ぜっこうちょー

なみにのってると　いわれたらそうさ
かがやいてるねと　いわれたらそうさ

© 2014 by ASK MUSIC Co.,Ltd.

C7 F A Dm
ぜっこうちょうー ちっぽけなしんぱいごとはおま
ぜっこうちょうー はずかしいしっぱいだってティッ
Gm7 C7 A Dm
もりにしてー このてにちいさくにぎってーいれ
シュにくるんでー ポッケにちいさくしまってーおけ
B♭ G7 Csus4 C7 F
ばいいのさー だれもぼくらをぼくらを
ばいいのさー だれもぼくらをぼくらを
A7/E Dm D7 B♭ Gm7
とめることはできないさーー せかいのはてまでぼくら
とめることはできないさーー うちゅうのはてまでぼくら

1.
2.
C7 F F C7
はとんでいくんだー　ー
はとんでいくんだー　ー　だれも
F A7/E Dm D7
ぼくらをぼくらを　とめることはできない　さー　ー　せかい
B♭ Gm7 C7 F
のはてまでぼくら　はとんでいくんだー　ー

サンタクロースが まちきれない！

作詞・作曲／新沢としひこ　ピアノアレンジ／北山たかあき

キラキラと

D7 G C D7
んうえにおほしさま
ギもドアにかざって
なこえでうたうのさ
ラララ まちきれない
G Em Am D7 G
まちきれない はやくきてきて サンタクロース
C D7 Bm7(−5) E7 Am D7
あたまのなかで どんどんふえてく すてきなプレゼン
1.2. 3.
G G
ト きょうは ト
rit.

●歌詞 （42ページ～57ページ）

うたは ふしぎ

作詞・新沢としひこ

みんなでいっしょに　うたってみよう

たのしいうたや　おもしろいうた

ララララララ　うたは　ふしぎ
ほら　こころが　ひとつになる ※1

みんなでいっしょに　こえをあわせて

うたえば　きっと　えがおになるよ

ララララララ　うたは　ふしぎ
ほら　こころが　やさしくなる ※2

※1※2くりかえし

作品memo

　みんなで歌って楽しめるものがあったらいいということで、追いかけ歌を作りました。追いかけ歌というのは、先に歌う方と追いかける方と二組に分かれますから、必ず歌わない部分が出てきます。追いかけ歌というのはそこがとても大事です。つまり自分が歌わないときは、他のチームの歌声を聴くのです。他のチームの歌をちゃんと聴かないと自分のパートが歌えないからです。他の人の声がちゃんと聴こえてくると、自分の声も聴こえてきます。今まで無意識になんとなく歌っていたものが、ちゃんと自分にも役割がある、ということがわかるのです。
　みんなで一つの音楽を作っていくという感覚が大切です。なんだか社会生活を表しているようですね。

はれたり くもったり

作詞・新沢としひこ

げんきなじぶんが　すきだけど

げんきじゃないひも　あるからさ

ないてるじぶんは　いやだけど

なみだは　ながれてくるからさ

ラン　ラン　ラン
そらは　はれたり　くもったり
あめは　ふったり　あがったり ※
みんな　ないたり　わらったり
ほらね　そんなくりかえし

まじめなじぶんが　すきだけど

ふざけるひだって　あるからさ

おこったじぶんは　いやだけど

がまんばかりでも　かなしいよ

ラン　ラン　ラン

みんなと　いたいこともある

ひとりで　いたいこともある

こころが　つよいひも　よわいひも

ほらね　そんなくりかえし

※くりかえし

作品memo

　「人生晴れたり曇ったり」とはよく聞く言葉です。本当にそうですよね。お天気もいろいろあるように、人間の毎日もいろいろな気分の日があります。毎日晴天で上機嫌というわけにはいきません。
　でもそれがいいと思いたいです。なんだって浮いたり沈んだりするものです。気分が曇っている日だからこそ、晴天で上機嫌なときには見えなかったものが見えたり、意外なことに気づいたりするのです。そう思えば、どんな日も必要があって大切な日だったりするのです。落ち込んだり、悲しかったり、悔しかったりが全然ない人なんて魅力がありません。
　でもそればっかりの人もうっとうしいです。心のバランスを上手に取れるようになっていきたいですね。

たくさん の にこにこ

作詞・新沢としひこ

だいすきなことを　していると　にこにこするよね

だいすきなひとと　いるときも　にこにこするよね

にこにこは　どこにある　にこにこは　そこにある

さがしてみたなら　きっとある

たくさんの　にこにこ

うれしそうなかおを　みつけると　うれしくなるよね

たのしそうなかおを　みつけると　たのしくなるよね

にこにこは　どこにある　にこにこは　ここにある

たったいまここで　はじまった

あたらしい　にこにこ

にこにこは　どこにある　にこにこは　どこにある

さがしてみよう　うたいながら

たくさんの　にこにこ

作品memo

　「にこにこする」というのは本当に大切だと思います。以前、街の中で同級生にばったり会って「新沢くん、今、すごく怖い顔して歩いていたよ」と言われてショックだったことがあります。でも気づかないうちに、そういう顔で歩いているときってあるんですよね。どうせだったらなるべくニコニコして、自分も他人も気持ちよく過ごしていたいものです。顔の表情と脳というのは、とても深く関係していて、顔がニコニコしているだけで、それがたとえ作り笑顔だったとしても、脳には「今自分は幸せなんだ」という指令が伝わるのだそうです。

　口角をちょっと上げて、笑った顔を作ってみませんか？ほら、この文章を読んでいる今ですよ!!　幸せは、そこから始まるのです。

ぼくらはきょうも ぜっこうちょう

作詞・新沢としひこ

ちょうしがいいねと　いわれたら　そうさ　ぜっこうちょう

なみにのってると　いわれたら　そうさ　ぜっこうちょう

ちっぽけな　しんぱいごとは

おまもりにして　このてにちいさく

にぎっていれば　いいのさ

だれも　ぼくらをぼくらを　とめることは　できないさ ⎤
　　　　　　　　　　　　　　　　　　　　　　　　　　｜※
せかいのはてまで　ぼくらは　とんでいくんだ　　　　　⎦

げんきがいいねと　いわれたら　そうさ　ぜっこうちょう

かがやいてるねと　いわれたら　そうさ　ぜっこうちょう

はずかしい　しっぱいだって

ティッシュに　くるんで　ポッケにちいさく

しまっておけば　いいのさ

だれも　ぼくらをぼくらを　とめることは　できないさ

うちゅうのはてまで　ぼくらは　とんでいくんだ

※くりかえし

作品memo

　今日は絶好調だなあって心から思える日って、一年に何日くらいあるのでしょう？　自分の毎日を振り返っても、そんな日は全然思い当たりません。自分としては、いつも体調がどこか悪く、さえない毎日をどうにかこうにか、やり過ごしているような気がするのです。ところが、周りから「新沢さん、いつも元気ですよね」と言われることもあります。「そうか、僕は元気なんだ！」確かに病気でもないし、ご飯もおいしいし、健康と言えば健康だし…。

　つまり、考え方、感じ方次第で「今、自分は絶好調！」とも「今は絶不調」とも言えるわけで、それは自由なんですね。自由なんだったら、絶好調で過ごした方がいいかも、って思いませんか？

サンタクロースが まちきれない！

作詞・新沢としひこ

きょうはワクワク　クリスマス　おおきな　クリスマスツリー

そらのうえから　みえるよに　いちばんうえに　おほしさま

ラララ　まちきれない　まちきれない

はやく　きてきて　サンタクロース

あたまのなかで　どんどんふえてく

すてきなプレゼント

きょうはピカピカ　クリスマス　いろとりどりの　まめでんきゅう

トナカイも　きがつくように　ヒイラギも　ドアにかざって

ラララ　まちきれない　まちきれない

はやく　きてきて　サンタクロース

あたまのなかで　どんどんふえてく

すてきなプレゼント

きょうはウキウキ　クリスマス　ケーキには　ロウソクたてて

すどおりしたり　しないよに　おおきなこえで　うたうのさ

ラララ　まちきれない　まちきれない

はやく　きてきて　サンタクロース

あたまのなかで　どんどんふえてく

すてきなプレゼント

作品memo

　僕が作詞をするようになったのは、妄想癖があったからかも？と思います。一つのことを考えると、どんどん妄想が膨らんで、いろいろなことを考えてしまうのです。それは坂道を石ころがどんどん転がっていくような感じ。待って待って、と追いかけても、思考の石ころはどんどん不思議な場所へ転がっていってしまうのです。その転がりにまかせていくというのが実は大事で、それが歌の原動力になっているんですね。
　子どもたちの頭の中だって、そういうものだと僕は思っています。クリスマスのこと、サンタクロースのことをちょっと聞いただけで、どんどん空想が広がっていってしまう。だから毎日は夢と希望と楽しみであふれていくのです。

ゆきだるまったら ゆきだるま

雪遊び

作詞・作曲／新沢としひこ　ピアノアレンジ／北山たかあき

ゆったり、おおらかに

G C Am7 F G7
つ くっ てよ ゆ き だ るま ったら ゆ き だ るま
つ くる のさ ゆ き だ るま ったら ゆ き だ るま
い たい もの ゆ き だ るま ったら ゆ き だ るま
C Am7 F G7 C C Am7
バ ケ ツ の ぼ う し を か ぶ せ て よ ゆ き だ るま ったら
み か ん の め だ ま を つ け と く れ
だ ー れ か て ぶ く ろ か し と く れ
F G7 C Am7 F G7 C
ゆ き だ るま ゆ き だ るま ったら ゆ き だ るま
8va bassa

ひなまつりプリンセス

作詞・作曲／新沢としひこ　ピアノアレンジ／北山たかあき

C D7 G D7 G
わたしをつつむ
わたしにとどく
せかいじゅうにピーンクの
Em Am7 D7
リボンをーつけて おいわいしたいのー せかい
G Bm C
じゅうにピーンクの はなびらーまいて おいわいしたいの
Cm6 D7 1. G D7
ー ひなまつりー

2.
G D7 G
ー せかい じゅうにピーンクの
Em Am7 D7
リボンをーつけて おいわいしたいの ー せかい
G Bm C
じゅうにピーンクの はなびらーまいて おいわいしたいの
Cm6 D7 G
ー ひなまつりー
rit.

せんぱい ありがとう

作詞・作曲／新沢としひこ　ピアノアレンジ／北山たかあき

心をこめて

ぼくたち のこと おぼえて いてね ただの ちびっこ なんかじゃ ない
ちょっと まえまで あかちゃん だった なきむし だったり おこったり

あそんだ にわも まもって いくよ
ちゃんと おおきく なった ところを

© 2014 by ASK MUSIC Co.,Ltd.

B♭ Gm7 C F B♭/F
おしえてくれたことわすれないせんぱいありがとう
きょうはみていてあんしんしてねせんぱいありがとう
F B♭ Gm7 C
ーいつもあこがれてたんだよ
ーたくさんあそんでくれたね
せん
F B♭/F F Dm B♭ C7
ぱいさよならー ぼくたちがこれからがん
1. F 2. F B♭/F
ばるさー
ばるさー せんぱいありがとう

いつもあこがれてたんだよ せんぱい さよならー ぼくたちがこれからがんばるさー ぼくたちがこれからがんばるさー

卒園式

たくさんないて たくさんわらう

作詞・作曲／新沢としひこ　ピアノアレンジ／北山たかあき

思いを届けるように

ぼくたちはこえをあげて―　なきながらうまれてき
ぼくたちはてをつないで―　ともだちになったりす

G Em7 Am7
た はじめてであうせ か いがー こわ
る ときどきはけんか も してー くや
D7 G
かったのかもしれない ぼくたちはそれか
しいーおもいもする あしたはどんなあ
C/G D7/G G
ら すぐー わら うことをーおぼえ た
たら しいー でき ごとにであうだろ う
Em7 Am7 D7
いきているこのせ か いがー すば らしいとしったか
あしたはどんなあ たら しいー じぶ んにーなるのだろ

G
F
G7
CM7
ら
う
これからずっとぼ
Bm7
Am7
GM7
くたちはー
たくさんたくさん
ないてー
CM7
Bm7
Am7
それよりもっとー
たくさんー
たくさんたくさん
D7(−9)
D
1.
G
わらうんだろうー

2.
G F G7 CM7 BM7
ー これからずっとぼくたちはー
Am7 GM7 CM7
たくさんたくさんないてー それよりもっとー
Bm7 Am7 D7(−9) D
たくさんー たくさんたくさんわらうんだろう
G
ー
rit.

まいにちが おめでとう

作詞・作曲／新沢としひこ　ピアノアレンジ／北山たかあき

ハッピーソング

すなおな気持ちで

きょう もみんなで あそぶんだ きょう もみんなで うたうんだ ただ
　　 もみんなで はなそうよ きょう もみんなで わらおうよ ただ

それだけで それだけで とても うれしいんだ ね いき
それだけで それだけで とても たのしいんだ ね いき

74　© 2014 by ASK MUSIC Co.,Ltd.

D F♯m Bm F♯m G A7
1.
D
ていること とは おめでとう まい に ちがおめでと う きょう
ていること とは ありがとう まい に ちがありがと
2.
D Bm F♯m Em
う ただ かぜがふき はながさき そら
D B7 Em A7 D F♯m/C♯ Bm F♯m/A
はかがや いてる いき て いること とは おめでとう まい
G A7
1.
D
2.
D
に ちがおめでと う いき う
rit.

●歌詞 （62ページ〜75ページ）

ゆきだるまったら ゆきだるま

作詞・新沢としひこ

おいらの　ふゆが　やってきた　こなゆき　こんこん　ふってきた

はやく　おもてに　でておいで　だれか　おいらを　つくってよ

ゆきだるまったら　ゆきだるま　バケツの　ぼうしを　かぶせてよ

ゆきだま　ゴロゴロ　ころがして　おおきな　からだを　つくるのさ

みんなで　ゴロゴロ　ころがして　まあるい　あたまを　つくるのさ

ゆきだるまったら　ゆきだるま　みかんの　めだまを　つけとくれ

おひさま　ポカポカ　はるなんて　こなけりゃいいって　おもうのさ

だって　とけたら　いやだもの　みんなと　あそんで　いたいもの

ゆきだるまったら　ゆきだるま　だれか　てぶくろ　かしとくれ

ゆきだるまったら　ゆきだるま

ゆきだるまったら　ゆきだるま

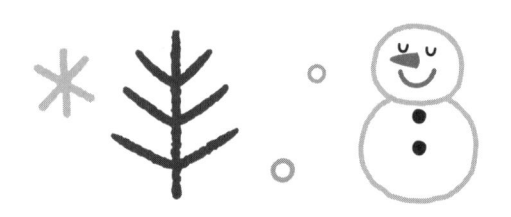

作品 memo

　雪が降って積もったりすると、今でもちょっとテンションが上がります。大人になった今は、交通がストップしてしまうとか、雪かきどうしよう、とか、現実問題が立ちはだかり、純粋に喜んだりできませんが、それでも雪は楽しいです。
　先日、東北の雪の多い地方に行ったときに、除雪の苦労の話などを地元の人が話していました。けれど、「大人は大変なんだけど、子どもたちはやっぱり雪が降ると大喜びなんだよね。すぐに雪合戦が始まっちゃうし」と苦笑いしていました。その話がなんだかとてもうれしかったです。雪だるまなんて何年作ってないだろう、と思ってしまいました。今度大雪が降ったら家の前に作ってみようかな。

ひなまつりプリンセス

作詞・新沢としひこ

わたし　プリンセス　ももの　おひめさま
はるの　かぜが　キラキラ　わたしを　つつむ

せかいじゅうに　ピンクのリボンを　つけて
おいわいしたいの
せかいじゅうに　ピンクのはなびら　まいて
おいわいしたいの　ひなまつり

わたし　プリンセス　ももの　おひめさま
はるの　うたの　メロディー　わたしに　とどく

せかいじゅうに　ピンクのリボンを　つけて
おいわいしたいの
せかいじゅうに　ピンクのはなびら　まいて
おいわいしたいの　ひなまつり　※
※くりかえし

作品memo

　3月3日は女の子の日なのに、5月5日は男の子の日じゃなくてこどもの日なのは不公平！ 男の子の日がないじゃないか！って、子どもの頃は思っていました。けれど女の子からは「男の子の節句はこどもの日って呼ぶのに、女の子の節句はどうしてこどもの日じゃないの？ 不公平よ」って言われました。
　ジェンダーの問題は、歌の歌詞を作るときに、僕もいろいろ考えます。あんまりジェンダーにとらわれないようにしたいと思うのです。けれど、いつまでも「あかりをつけましょぼんぼりに」の歌しかないのはつまらないなあ、と思いきって、超ガーリーな女の子ポップを作ってみました。
　男の子にだって歌ってもらいたいです。CDではこのおじさんがノリノリで歌ってるんだし！

せんぱい ありがとう

作詞・新沢としひこ

ぼくたちのこと　おぼえていてね
ただの　ちびっこなんかじゃない
あそんだにわも　まもっていくよ
おしえてくれたこと　わすれない

せんぱい　ありがとう
いつも　あこがれてたんだよ　※
せんぱい　さようなら
ぼくたちが　これから　がんばるさ

ちょっとまえまで　あかちゃんだった
なきむしだったり　おこったり
ちゃんと　おおきくなった　ところを
きょうはみていて　あんしんしてね

せんぱい　ありがとう
たくさん　あそんでくれたね
せんぱい　さようなら
ぼくたちが　これから　がんばるさ
※くりかえし
ぼくたちが　これから　がんばるさ

作品memo

　卒園式で在園児が卒園児に向かって歌う歌があまりない、という話を聞いて、こんな歌があったらいいなとできあがったのがこの歌です。「おにいさん、おねえさんありがとう」というようなことを、その表現を使わずに歌いたいと思い、あえて、子どもたちはきっとあまり使わないであろう「せんぱい」という言葉を選びました。違和感のある人もいると思うのですが、ぜひ子どもたちが歌う「せんぱい ありがとう」を聴いてほしいと思います。
　年中さんが歌う歌なので、もっとあどけない明るい歌にしようと思ったのですが、できあがったら、しっとりした歌になりました。年中さんが元気に歌うとちょうどいい情感になると思います。

たくさんないて たくさんわらう

作詞・新沢としひこ

ぼくたちは　こえをあげて　なきながら　うまれてきた

はじめてであう　せかいが　こわかったのかもしれない

ぼくたちは　それからすぐ　わらうことを　おぼえた

いきている　このせかいが

すばらしいとしったから

これからずっと　ぼくたちは

たくさんたくさんないて

それよりもっと　たくさん

たくさんたくさん　わらうんだろう

ぼくたちは　てをつないで　ともだちになったりする

ときどきは　けんかもして　くやしいおもいもする

あしたは　どんなあたらしい　できごとに　であうだろう

あしたは　どんなあたらしい　じぶんになるのだろう

これからずっと　ぼくたちは

たくさんたくさんないて

それよりもっと　たくさん

たくさんたくさん　わらうんだろう　※

※2回くりかえし

作品memo

　とても大人っぽい歌ができました。でも、このような内容こそ子どもたちに、子どもたちの声で歌ってほしいと思ったのです。これからの人生、まだ先は長い長い道のり。たくさん泣くことがあるだろうけれど、それは全然悪いことじゃない。大いに泣きなさい。でも、泣いてばかりでもいけない。もっとたくさんたくさん笑いなさい。泣いたり笑ったりするけれど、笑ったりの方が、泣いたりよりちょっと多めで。それがいい人生だな、と思うのです。そんな願いを込めて作りました。

　自分でも大切に、歌っていけたらいいな、と思っています。子どもたちのまっすぐな歌声には、かなわないんですけどね。

まいにちが おめでとう

作詞・新沢としひこ

きょうも　みんなであそぶんだ

きょうも　みんなでうたうんだ

ただ　それだけで　それだけで　とても　うれしいひだね

いきていることは　おめでとう

まいにちが　おめでとう

きょうも　みんなではなそうよ

きょうも　みんなでわらおうよ

ただ　それだけで　それだけで　とても　たのしいひだね

いきていることは　ありがとう

まいにちが　ありがとう

ただ　かぜがふき　はながさき

そらは　かがやいてる

いきていることは　おめでとう ※

まいにちが　おめでとう

※くりかえし

作品memo

　毎日がおめでとう、毎日がありがとう、というのはとても大切なテーマだと思います。日常に追われていると、なかなかそのような気持ちにはなれないものです。でも見方を変えれば、そんな風にバタバタ、ダラダラした毎日を過ごせるなんて、なんて平和で幸せなのでしょう。不平や不満はもちろんあるでしょう。でも同じ一日、不平不満で過ごすのか、感謝の気持ちで過ごすのか、その気持ちの違いだけで、どれだけ人生の豊かさが変わることでしょう。

　この本の作品群のテーマは、自分の日常の見方をちょっと変えると、こんなに幸せに満ちている、ということです。これからも「毎日がおめでとう」「毎日がありがとう」の精神で、すばらしい人生を！

新沢としひこ

シンガーソングライター
元保育者

1963年生まれ。東京・豊島区の保育園で保育者を経験後、CDや楽譜集を発表する。代表的な楽曲の一つである「世界中のこどもたちが」は、小学校の教科書に採用されている。また、「さよならぼくたちのようちえん」は、芦田愛菜主演のテレビドラマの主題歌に採用された。現在はソロ・コンサート及びジョイント・コンサート、保育者向け講習会の講師、講演会と年間多くのステージをこなすかたわら、CD制作、雑誌にエッセイを発表、絵本の出版などマルチに活動している。HPは、http://www.ask7.jp/

表紙画／村上康成
本文イラスト／市川彰子
表紙・本文デザイン／市川正美
ピアノ譜アレンジ／北山たかあき
楽譜制作／株式会社クラフトーン
楽譜校正／白日　歩
編集協力／青木美加子
編集／石山哲郎

新沢としひこの 園生活 ごきげんソング
きょうからみんなの ほいくえん・ようちえん

2015年2月　初版第1刷発行
著者／新沢としひこ
発行人／浅香俊二
発行所／株式会社チャイルド本社
　　　〒112-8512　東京都文京区小石川5-24-21
　　　電話：03-3813-2141（営業）　03-3813-9445（編集）
振替：00100-4-38410
＜日本音楽著作権協会　（出）許諾第1500042-501号＞
印刷所／共同印刷株式会社
製本所／一色製本株式会社
©ASK MUSIC 2015 Printed in Japan
ISBN／978-4-8054-0234-4
NDC376　31×23cm　80P

◎乱丁・落丁はお取り替えいたします。
◎本書の内容の一部あるいは全部を無断で複写複製することは、法律で認められた場合を除き著作権者及び出版社の権利の侵害となりますので、その場合は予め小社あて許諾を求めください。

チャイルド本社ホームページアドレス　http://www.childbook.co.jp/
チャイルドブックや保育図書の情報が盛りだくさん。どうぞご利用ください。